武术摔擒技法精粹

张风雷　杨玉峰
王世英　王进锋　编著

人民体育出版社

图书在版编目（CIP）数据

武术摔擒技法精粹 / 张风雷等编著. -- 北京：人民体育出版社, 2010 (2025.4重印)
ISBN 978-7-5009-3924-5

Ⅰ. ①武… Ⅱ. ①张… Ⅲ. ①擒拿方法(体育)—中国 Ⅳ. ①G852.4

中国国家版本馆CIP数据核字(2023)第015389号

*

人民体育出版社出版发行
三河兴达印务有限公司印刷
新 华 书 店 经 销

*

850×1168 32开本 3.5印张 30千字
2010年10月第1版 2025年4月第10次印刷
印数：40,501—42,500册

*

ISBN 978-7-5009-3924-5
定价：16.00元

社址：北京市东城区体育馆路8号（天坛公园东门）
电话：67151482（发行部） 邮编：100061
传真：67151483 邮购：67118491
网址：www.psphpress.com
（购买本社图书，如遇有缺损页可与邮购部联系）

前　言

我国摔法和擒拿法有着悠久的历史，其技术动作、攻防理论和练习方法等内容十分丰富，随着这些技法在社会不同领域的实践应用，摔法与擒拿技术结合得愈加紧密，摔擒技法是摔技和擒技的有机结合，在实际应用中有非常显著的作用。

“远者拳打脚踢，近者贴身快摔”是武术谚语，也是武术技击的一种理念，在中国传统武术中倒地就意味着失败，俗称被打散架了。近年来，中国散打运动员在同国外选手的交流中，中国选手的摔法屡屡得手，常常令对方不知所措，望而生畏，并成为制胜法宝之一。

《武术摔擒技法精粹》一书介绍的摔擒技法，是我们将实践教学中应用效果突出的动作进行总结和整理，远距离摔有接腿绊摔、接腿涮摔，近距离摔有夹颈背快摔、抱臂别摔等，其突出特点是：以快破敌，以巧取胜，摔擒合一，摔后必擒。

摔擒法固然可以使乙方丧失进攻能力，而使甲方处于不败之地，但在实践应用中要注意以下两点：第一，要将摔擒法和拳脚技法有机地结合，不能为摔而摔，为擒而擒，应该适时把握时机，在出现能利用摔擒战胜乙方的机会时果断地使用。第二，不断加强单式基本功练习和各种力量、技巧练习。

本书在编写过程中得到了河北金融学院刘震宇教授、中国摔跤界泰斗李宝如老师、东方大学城防卫秘书特训中心李新建教官、特邀动作拍摄宋玉龙等同志的大力支持与帮助，在此表示感谢！由于作者水平所限，书中不足之处还请各位同仁指正。

作　者

2010 年 4 月 1 日

目　录

第一章　摔跤力学分析

摔跤运动中摔倒对方就是使对方失去自身平衡状态，改变人体双脚支撑的正常状态，而用身体其他部位（手、肩、背、臀、膝等）做辅助支撑。

人在正常站立时，是由其两脚和两脚所张开的面积决定其平衡性大小的。为了形象说明，我们可以把人体站立时想象成一个竖直的长方体，当其稳定竖立时，其重心投影点在长方体截面积中心点，这时长方体是最稳定的，如图 1（A）；当侧向推动长方体，使其向一侧倾斜时，只要重力线不超过支撑面，这一长方体还能恢复稳定平衡，但稍加用力则会倾倒，如图 1（B）；倘若长方体重力线超过支撑面时，长方体将倾倒无疑，如图 1（C）。

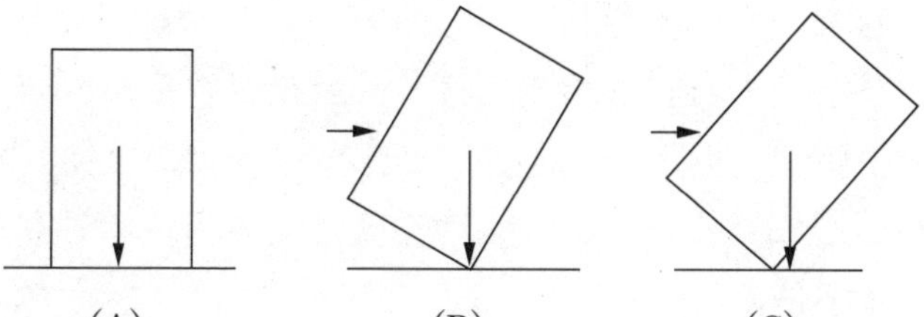

(A)　　(B)　　(C)

图 1

一个长方体的稳定性是由两个因素决定的，一是重心高低，一是底面积大小，如果降低长方体的高度，长方体的重心也随之降低，稳定性增大，如果增大长方体的底面积，同样能增大其稳定性。人体的稳定性也是如此，在两脚固定形成固定支撑面时，降低身体重心可以大大增加自身的稳定性；两脚站立位置的不同决定了支撑面大小，若两脚沿纵轴前后一线站立，身体重心如同立在独木桥上一般，人体支撑面最小，稳定性最低；若两脚左右平行站立，两脚脚长和左右横向距离之间形成一个长方形支撑面，可以形成较大的支撑面积，但还不是最稳定的，只有两脚横向和纵向都有一定的距离，才能形成最大的支撑面积，使身体处于最稳定状态。所以，在摔跤运动中，为了保持较大的稳定性和抗衡对方横向推动力，两腿必须形成一定的支撑角度，以增大基底面积和降低重心高度。双方对摔时，谁能先抢占对方所占据的位置，谁就能抢占先机，占据主动，也就是说缩小、甚至破坏对方的基底范围，使对方的重力作用线超出其基底范围，令其失去支撑而倾倒。比如，夹颈背快摔一法，在乙方出拳到旧力已尽，新力未发时，甲方左手顺势向甲方左下方捋带，同时上右脚，插左脚，用右髋顶住乙方小腹部，右臂夹住其颈部，向甲方左下方旋转用力，使乙方身体重心处于右腿支撑点边缘，然后蹬腿、顶髋、俯腰、变脸，向上蹬腿与向下拉掖乙方右臂形成一个力矩，使其身体产生轮转，形成背摔技术，这一动作就是先运用破坏对方身体平衡的战术案例。

另外，人体各关节和肌肉也是保持身体平衡的重要因素，在对摔过程中，可以通过各关节不同运动维度和肌肉的放松把施加到身体的外力进行有效的转化，就是武术经常讲的“泄劲”。人体的肌肉如同弹簧一样，如全身肌肉紧张，关节僵硬，则作用在身体局部的外力就会沿其作用线传递到全身，改变身体重心位置，就易于被摔倒，只有使全身肌肉保持放松，才能有效地克服强大的外力作用，保持身体平衡，这就是“以柔克刚”的道理。但在有些时候，突然用力绷紧肌肉，也可抵消对方施加的外力作用。

第二章　基本功

一、盘腿撩踢

以盘右腿为例。两脚呈开立步，两手成八字掌自然外张（图 2—1）；重心移至左脚，身体以左脚掌为轴向右转，同时，用髋关节带动右腿向里上盘腿撩踢（图 2—2）；落地后再向外上盘腿撩踢（图 2—3）。左盘腿与右盘腿方法相同，动作相反。

要点：盘腿要迅速、自然，动作幅度尽量要大。

图 2—1

图 2—2

图 2—3

二、背步贴身靠

两脚呈前后开立步(图 2—4),右脚背步于左脚后,同时,两手一前一后,上下外翻(图 2—5),接左脚上步成贴身靠状(图 2—6)。可右脚上步按同样的方法，继续练习。不可偏重一侧。

要点：上下配合要协调，重心要稳，步法要轻灵。

图 2—4

图 2—5

图 2—6

三、卧步抽腿

两腿开立与肩同宽，两手自然外张（图 2—7），向左后转体 180°卧步呈歇步状（图 2—8、图 2—9），然后，右腿由左腿膝上部位抽出转身还原（图 2—10）。练习时要左、右兼顾，不可偏重一侧。

图 2—8

图 2—7

图 2—9

图 2—10

要点：抽腿主要是提高下肢的灵活性；右腿卧步与抽腿要尽量贴近左大腿外侧，重心要稳。

四、背步揣子

两腿前后呈开立步（图 2—11），右脚向左腿前斜上一步，两手臂向前方一前一后伸出（图 2—12），背左脚于右脚后（图 2—13），转体 180°，低头下腰转脸，双腿蹬伸，同时，两手向左下拉擦（图 2—14、图 2—15）。

要点：上步、转体、蹬伸与下拉要快速、连贯。

图 2—11

图 2—12

图 2—13

图 2—14

图 2—15

五、背步勾子

两腿前后呈开立步（图 2—16），右脚背步于左脚后（图 2—17），撩起左腿，同时低头转脸，两手向右下紧手、拉擦（图 2—18）。

要点：背步、转身要快，手脚配合要协调。

图 2—16

图 2—17

图 2—18

六、上步抱腿

两腿前后呈开立步，含胸低头（图2—19），上左脚紧跟右脚，同时，双手向内合抱（图2—20），深蹲抬头猛站起，向后甩腰（图2-21-A）。练习时要左、右兼顾，不可偏重一侧。合抱的手法分十字扣与锁扣两种，这是摔法里面惯用的动作（图2-21-B、图2-21-C）。

要点： 深蹲要快速有力，臀部不易后挺，抬头站起要突然、迅猛。

图2—19

图2—20

图 2—21—A

图 2—21—B

图 2—21—C

七、长　腰

两腿平行开立呈马步（图 2—22），身体稍向左转，同时，右腿向外伸直猛蹬呈弓步姿势，膝盖不超过脚尖，向左长腰、低头转脸，右手臂向左前伸出，左手拉至腰侧（图 2—23、图 2—24）。练习时左、右交替进行。

要点：长腰时要低头转脸，蹬腿要稳健，上下配合要协调。

图 2—22

图 2—23

图 2—24

八、插　闪

两腿呈前后开立步（图 2—25），右腿向前直上一步（图 2—26）；向左后转体 180°，左脚贴地面向前上拦截，同时，左手猛抖，右手向前捅（图 2—27）。也可在行进中练习。

要点：要快速有力，刚柔相济。

图 2—25

图 2—26

图 2—27

九、勾踢跪压

在立正的基础上，两手经胸前翻掌向上推举（图 2—28），起右脚向前猛力勾踢，重心落于左脚微下沉（图 2—29）；右脚脚尖外摆成弓步状，膝部向前下跪压（图 2—30）；实战中多用于跪压乙方小腿部位（图 2—31）。

图 2—28

图 2—29

图 2—30

图 2—31

要点：重心要低，勾踢要轻擦地面；膝部向前下跪压要深。

第三章 摔擒技法

一、夹颈背快摔

实战姿势对立（图 3—1）。当乙方（身穿运动服者。后同）用右直拳（或摆拳）击打甲方（身穿迷彩服者。后同）头部时，甲方左手顺势挡抓其肘关节上端（图 3—2）；右脚向乙方右脚前上步，脚尖内扣，同时，右臂前伸屈肘夹紧乙方颈部，左脚背步与右脚平行，两腿屈膝，以右侧臀部贴紧乙方前身（图 3—3）；随后两腿蹬伸，向左下弓腰、低头将乙方从甲方身上摔过（图 3—4）；将乙方摔倒后，腿向左侧伸出，臀部着地，侧身扑压在乙方身上（图 3—5），随即右腿屈膝，左手抓其右前臂置于甲方右大腿上，向下别压乙方肘关节，将其制服（图 3—6）。

要点：挡抓要准，夹颈要牢固，背步转身要快，弓腰、低头、蹬腿要协调有力。

图 3—1

图 3—2

图 3—3

图 3—4

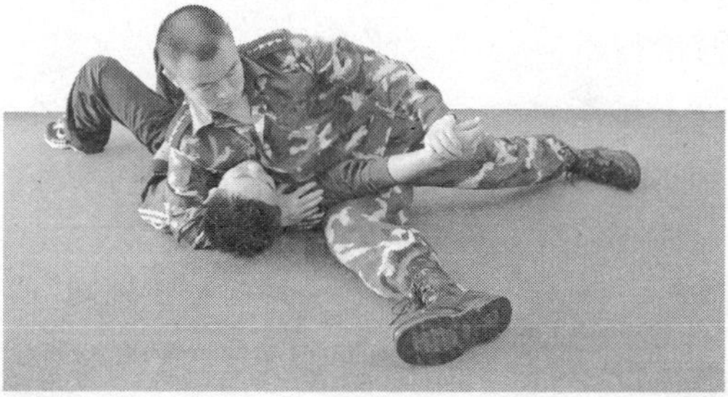

图 3—5

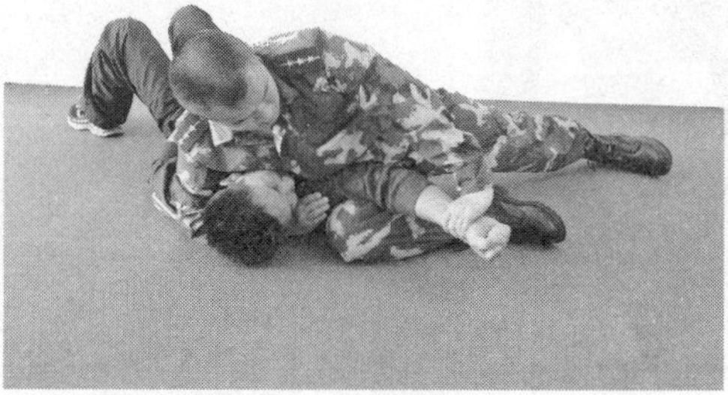

图 3—6

二、抱腿过胸摔

图 3—7

当乙方用左拳击打甲方头部时，甲方右手推拍（图 3—7），同时，向前下抢步（屈膝、弓腰），两手成十字扣合抱其单腿，左颈部紧贴其左大腿外侧（图 3—8、图 3—9）；随后用蹬腿、挺身之合力将乙方抱起，向后摔翻（图 3—10），用侧倒砸肘击打乙方心窝（图 3—11）。

要点： 上步下潜要快，抱腿要紧，蹬腿、挺身、后仰要一气呵成。

图 3—8

图 3—9

图 3—10

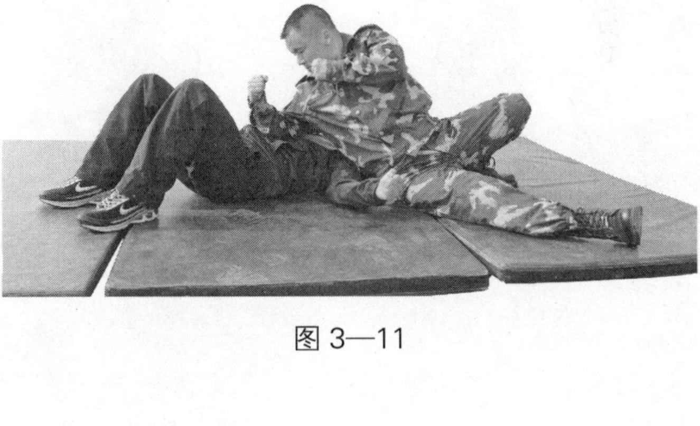

图 3—11

三、抱臂别摔

当乙方用左直拳（或摆拳）击打甲方头部时，甲方右侧闪（左脚在前），同时，用右手臂向外挡抓（图 3—12）；右脚背步与左脚平行，左手夹抱乙方左上臂（图 3—13）；随即用右手拉乙方左手腕和向右转体、拧腰、别腿之合力将乙方摔倒（图 3—14、图 3—15）。

要点：挡抓要快、夹臂要紧而有力，转体、拧腰、别腿要协调一致。

图 3—12

图 3—13

图 3—14

图 3—15

四、插裆扛摔

当乙方用右摆拳击打甲方头部时，甲方左手向外挡抓其手腕（图 3—16），上右步屈膝下蹲，同时，右臂由乙方两腿间穿过由里向外抱其单腿（图 3—17）；随即起身用左手向左下拽拉乙方右手臂与右肩扛顶之合力，起身仰转将乙方摔翻（图 3—18）；然后，两手猛力向上提拉乙方右手臂，将其面朝下、右臂从其颌下缠绕猛力上提，再起右膝顶击其背部（图 3—19、图 3—20）。

图 3—16

图 3—17

图 3—18

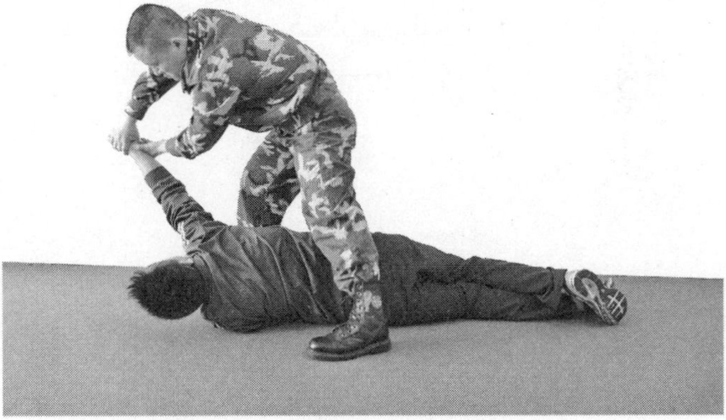

图 3—19

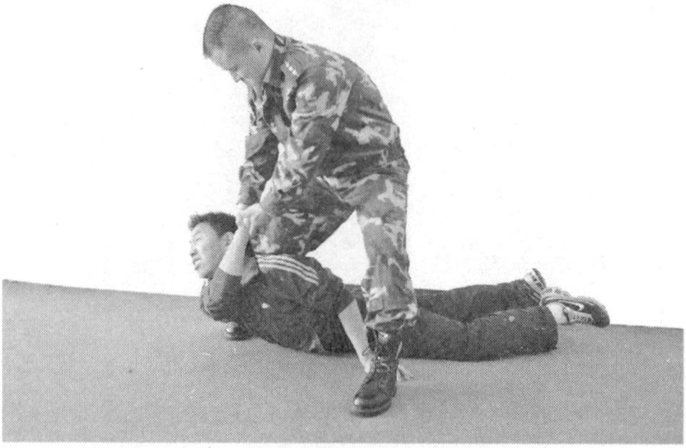

图 3—20

要点：挡抓准，上步屈蹲、抱单腿要快，扛摔要有力，上下配合要协调；提拉乙方右手臂与顶击背部要猛。

五、绕臂掰颈摔

当乙方用右摆拳击打甲方头部时，甲方左手向外格挡，并拿其胳膊（上手向内磕打其前臂，底手拉搪其肘），顺势向右下拽拉（图 3—21、图 3—22），随机左手向前掰拧其颈部并贴身（图 3—23、图 3—24）；然后，向后撤一步将其摔倒，用右拳击打乙方要害（图 3—25、图 3—26）。

要点：拿胳膊要准确，掰颈要猛，撤步要快，击打要害要狠。

图 3—21

图 3—22

图 3—23

图 3—24

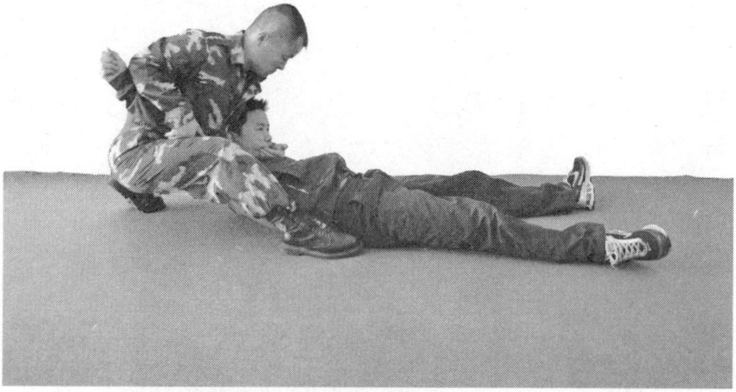

图 3—25

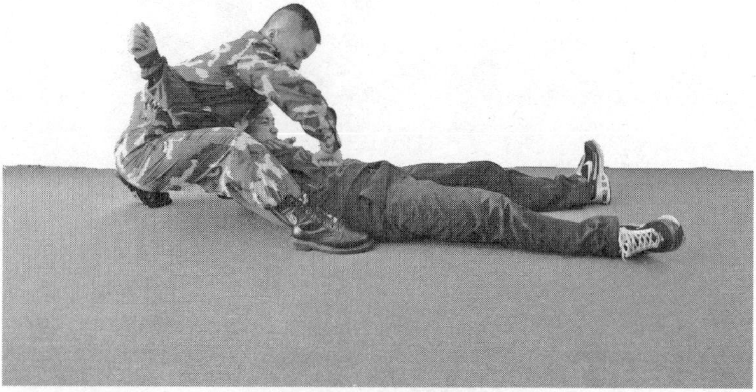

图 3—26

六、抱腿过肩摔

当乙方用前蹬腿攻击甲方胸部时，甲方迅速侧闪，同时，两手抄抱其小腿（图 3—27）；右脚向左脚后背步，并屈膝跪地，同时，将乙方腿抬至甲方左肩上，用低头、弯腰、掰腿之合力将其从甲方肩上摔过（图 3—28、图 3—29、图 3—30），

图 3—27

图 3—28

图 3—29

图 3—30

图 3—31

然后，借机倒地横踢乙方头部（图 3—31）。

要点：接腿要准，抓握要牢固，转身要快，低头、弯腰、掰腿协调有力。

七、接腿绊摔

当乙方用前鞭腿攻击甲方中、上盘部位时，甲方侧闪步，同时，两手抄抱其小腿，右脚背步于左脚后（图 3—32、图 3—33）；随即左腿随上体右转旋压之势，绊乙方支撑腿膝窝以

图 3—32

图 3—33

上部位将其摔倒，然后，用左膝跪撞裆部将乙方制服（图 3—34、图 3—35）。

要点：侧闪抄抱要快、准，背步、旋压与绊腿要协调有力，撞裆要狠。

图 3—34

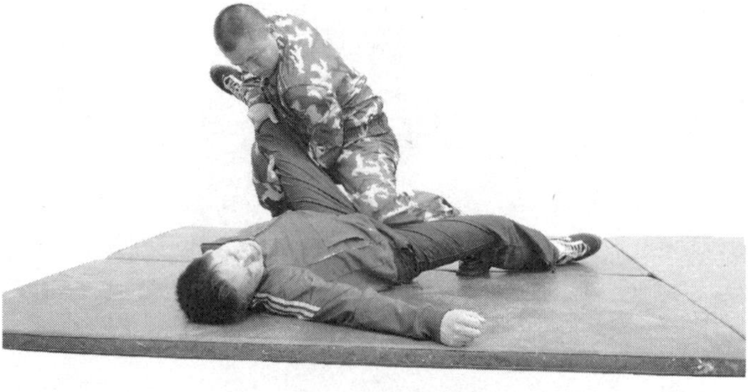

图 3—35

八、接腿涮摔

当乙方用左前蹬腿攻击甲方中盘部位时，甲方两手相合抄抱其脚踝（图 3—36），做到含胸收腹，后脚撤步，同时，借助惯性，两手向右侧下方拉乙方左腿，再向左上方成弧形将其拉腿涮倒（图 3—37、图 3—38）；然后，两手上提乙方腿，再起右腿猛踹其腹部（图 3—39）。

图 3—36

图 3—37

图 3—38

图 3—39

要点：接腿准、抓握牢固，右侧下拉和弧行涮摔的动作要协调、连贯有力。

九、掀腿压颈摔

当乙方用右腿横踢甲方上体时，甲方侧闪进步，同时，两手抄抱其小腿（图 3—40）；接左手紧抱乙方腿部，右手迅速前伸至其颈后（图 3—41），然后，用左手上抬、右手下压与右脚勾踢乙方支撑腿之合力将其摔倒（图 3—42），再起脚击打乙方背部要害，将其制服（图 3—43、图 3—44）。

图 3—40

图 3—41

图 3—42

要点：侧闪抄抱要准确、有力，掀腿、压颈与勾踢要协调一致。

图 3—43

图 3—44

十、接腿勾摔

当乙方用后鞭腿攻击甲方中、下盘部位时，甲方迅速左手单臂抄抱其小腿，右直拳击打乙方面部或用插掌击打乙方眼睛（图 3—45、图 3—46）；然后，左脚前进步，用右腿由外向里、向后搂提乙方支撑腿与右手臂推顶乙方下颌之合力将其向前摔倒（图 3—47、图 3—48、图 3—49）。

图 3—45

图 3—46

图 3—47

图 3—48

图 3—49

要点： 抱腿要紧，上步要快，搂提支撑腿与推顶下颌要协调有力。

十一、拧踝跪膝摔

当乙方起右腿横踢甲方上体时，甲方侧闪，同时，抄抱其脚踝或小腿（图3—50）；随即用左手臂紧抱乙方脚踝，右手抓握乙方脚跟（图3—51），右脚向前上步的同时，身体向右下转

图3—50

图3—51

体翻拧其踝关节，迫使其面朝下摔倒（图 3—52）；然后，左膝迅速跪顶乙方膝窝，右手抓握乙方脚尖，身体稍右转，同时，右手向右拧折乙方踝关节，将其制服（图 3—53）。

要点：接腿要准，抱腿要紧，跪膝快，翻拧脚踝要迅猛。

图 3—52

图 3—53

十二、抓衣领过背摔

甲方主动进攻防卫，双手反抓乙方衣领，右脚在前（图3—54），随即后脚背步转身，两脚平行，腿微屈（图3—55）；

图3—54

图3—55

用两腿蹬伸、向下弓腰、低头的劲力将乙方从头顶摔过，然后，双手掰拧乙方颈部将其制服（图 3—56、图 3—57）。

要点：抓衣领要紧，背步转身要快，蹬腿、弓腰、低头要连贯有力。

图 3—56

图 3—57

十三、抱腿顶摔

甲方主动进攻防卫，前手弹拳击乙方面部（图 3—58），趁其后仰之机，突然下蹲潜入，两手合抱其双腿，左侧颈部贴紧乙方侧腰（图 3—59），随即上步，用肩顶、后拉、俯冲之合力

图 3—58

图 3—59

将其摔倒（图 3—60）；然后，两手紧抱其大腿将乙方向右后翻转 180°面朝下，接着用后仰、挺腹下压之合力将其制服（图 3—61、图 3—62）。

要点：下潜快，抱腿要紧，肩顶、后拉要协调有力，翻转要迅猛。

图 3—60

图 3—61

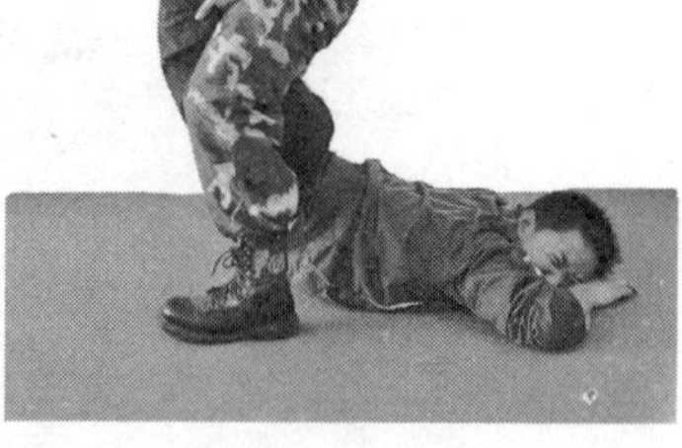

图 3—62

十四、后抱过胸

当与乙方对面站立时，甲方主动拿其胳膊，上手向内磕打其前臂，底手拉搪其肘（图 3—63），顺势向左下拽拉，同时，左脚向其外侧上步（图 3—64），接上右脚绕环步至乙方右脚

图 3—63

图 3—64

后，右臂由乙方右腋下穿过，随即两手合抱乙方腰部，两腿微屈（图 3—65、图 3—66）；用双脚蹬地，向后弓腰、挺身、仰头之合力将其摔翻（图 3—67）。

要点：抢抓、上步转身要快，抱腰紧，向后弓腰、挺身、仰头要协调有力。

图 3—65

图 3—66

图 3—67

十五、折腰勾腿摔

当乙方欲搭肩搂抱甲方时（图 3—68），甲方左手向上八字掌挑起其手臂，向前贴身、起右腿，由外向里搂提乙方左腿膝窝（图 3—69、图 3—70）；同时，两手猛力搂抱其腰部，用上体前压、勾腿之势迫使乙方倒地（图 3—71）。

要点：搂抱要紧，搂腿、压胸要猛，要有向前的冲劲。

图 3—68

图 3—69

图 3—70

图 3—71

十六、压颈搂膝摔

当乙方抱甲方单腿时（图 3—72），甲方迅速屈膝、坐腰，重心下沉（图 3—73），随机用左手下压乙方颈部、右手由外向里搂其大腿猛向怀里收，顺势带动乙方，用向后滚翻的姿势将其摔翻并骑压（图 3—74、图 3—75），再用拳击打乙方要害将其制服（图 3—76）。

要点：重心下沉要快，压颈、搂膝、后滚翻要协调有力。

图 3—72

图 3—73

图 3—74

图 3—75

图 3—76

十七、仰卧反攻

甲方仰卧，当乙方骑坐腹部，双手卡甲方喉部时（图 3—77），甲方立即左手八字掌向上推抓其手腕，右手抓其脚踝（图 3—78）；突然，迅速向上挺胯，同时，向右翻转成仰卧姿势进行解脱，接右手掰拧乙方脚踝动作将其制服（图 3—79 至图 3—82）。

要点：推抓手腕、脚踝要准确，挺胯要突然、有力，翻转过程中抓握脚踝要牢固。

图 3—77

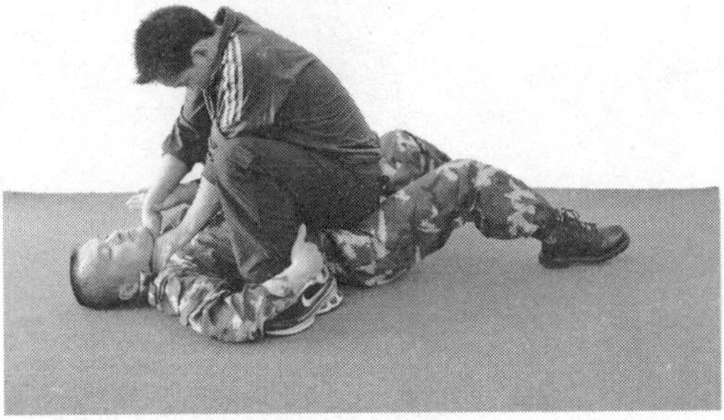

图 3—78

图 3—79

图 3—80

图 3—81

图 3—82

十八、提颈翻转摔

当乙方潜入抱甲方前腿时，甲方迅速俯身、撤腿（图 3—83、图 3—84），随即用双手合抱搂住乙方的颈部，右手由其颈外侧向里穿过，左手由其腋窝下插入到喉结，用大拇指顶住，双手形成打扣（图 3—85），左肘锁住乙方右臂将其头挤于腹部，双手用力的同时挺胯，向左侧翻转身体，将其摔倒制服（图 3—86）。

要点：俯身、撤步要快，提颈发力时，卡锁喉结要紧，使乙方头不能偏侧。

图 3—83

图 3—84

图 3—85

图 3—86

图 3—86　正面示意图

第四章　擒拿技法

擒拿，是利用人体关节、筋脉、穴位和要害部位的弱点，运用杠杆原理与经络学说，采用切、点、锁、别、击打、拧转等方法，“拿其一点，而制全身”的一种技法。

一、主动擒拿技法

主动擒拿技法：是指在有准备、有察觉和有条件的情况下，出其不意、攻其不备，稳、准、狠，先发制敌的防卫技法。

1. 卷　腕

当甲方遇到用右手抓握乙方左手的情况下，随即右手迅速提腕，拇指点按其手背第 4 掌骨、第 5 掌骨间隙下段，其余四指扣握手心和掌根处（图 4—1）；左手同时以八字掌握乙方左腕助力，向上、向右卷腕，迫其就擒（图 4—2）。

要点：右手抓握要准确得法，提腕和左手助力卷腕要迅速敏捷。

图 4—1

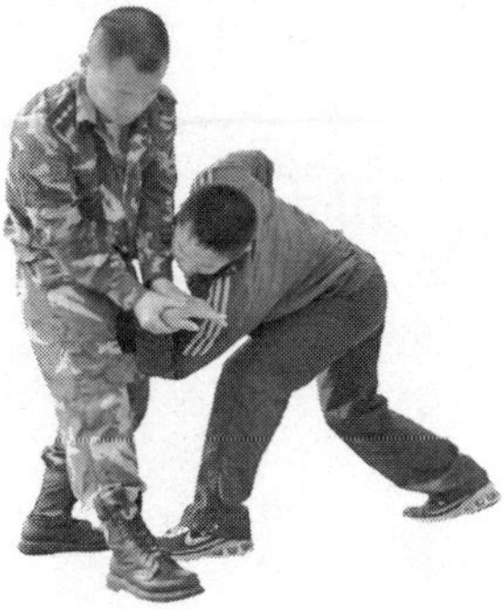

图 4—2

2. 转身扛肘

甲方右手快速正手抓握乙方手臂向后拉（图 4—3），随即上步向右后转身，同时，两手抓握乙方手臂将其肘关节以甲方肩部为支点反扛（利用杠杆原理，向平常弯曲的相反方向折），向前下猛压（图 4—4、图 4—5）。

要点： 抓手要准，上步、拉臂、转身、扛肘要协调、快速。

图 4—3

图 4—4

图 4—5

3. 扑面撩裆

当乙方与甲方对面站立（图 4—6），对甲方人身造成威胁时，甲方前手突然五指张开扑抓其面部（图 4—7），趁其后仰之机，起右腿用脚尖向上撩击其裆部（图 4—8）。

要点：左手扑面突然，右脚撩击要快、准。右脚盘踢撩击如同踢毽子的动作（图 4—9）。

图 4—6

图 4—7

图 4—8

图 4—9

4. 击腹别臂

当对面接近乙方右侧时，甲方左脚在前，左前臂向外拨挡乙方右前臂（图 4—10），同时以右勾拳猛力勾击其腹部（图 4—11）；乘其收腹弯腰之机，左前臂从乙方右臂内侧穿过上挑；同时，身体向右转体，右手由上扳住乙方肘部向怀里猛拉，左肘上翻，右手扒住其上臂下压（图 4—12、图 4—13）；然后起左腿猛绊乙方脚跟，将其摔倒，随即以扒肩折腕动作将其制服（图 4—14、图 4—15）。

要点：击腹狠，拉肘别臂快，下压绊腿猛、折腕狠。

图 4—10

图 4—11

图 4—12

图 4—13

图 4—14

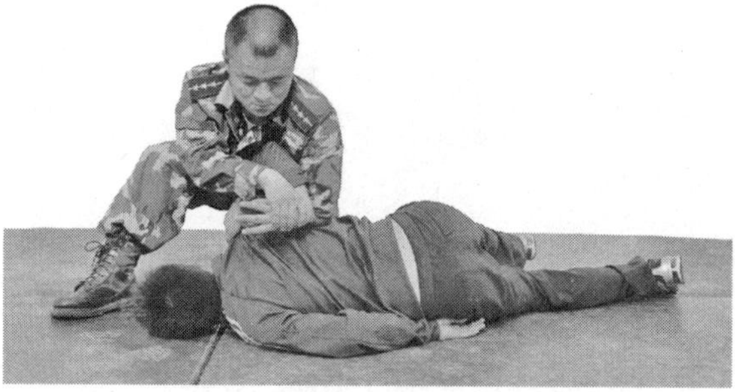

图 4—15

5. 抱膝压伏

当接近乙方背后时（图 4—16），两手抱膝（或小腿）以后拉肩顶臀部之合力将其摔倒（图 4—17、4—18），接向前上步骑压乙方腰部（右腿跪，左腿伸）；随即左手拍抓乙方后脑猛力下压（图 4—19），趁其上顶之机，右手从其颌下穿过，左手握住右手腕，迅速屈肘上提紧锁乙方喉部（图 4—20）。

要点：后拉肩顶要协调一致，骑压要快，锁喉要狠。

图 4—16

图 4—17

图 4—18

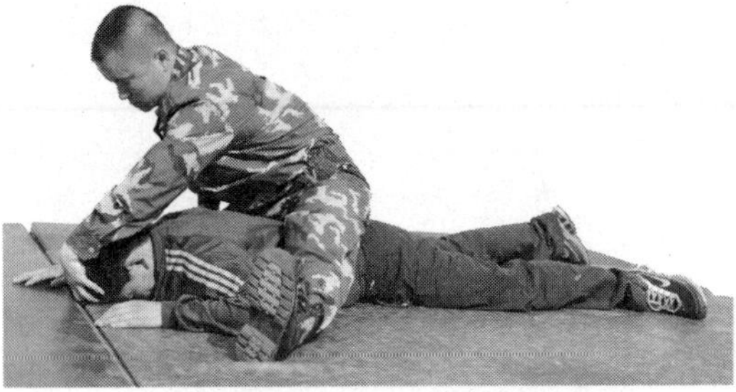

图 4—19

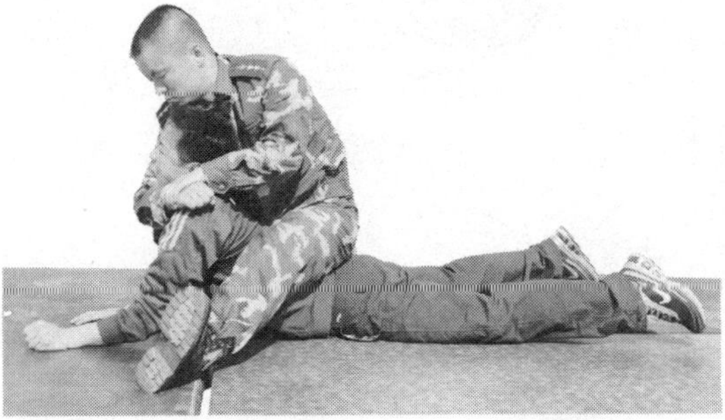

图 4—20

由后以抱膝顶摔技法将乙方摔倒后，还可使用以下三种制擒方法：

(1) 将乙方摔倒后，左脚迅速向前上步骑压其腰部（右腿跪，左腿伸），随即用左手卡脖，右拳掼耳进行击打（图 4—21）。

(2) 将乙方摔倒后，迅速向前上步骑压其腰部（右腿跪，左腿伸），随即右手猛力锁喉，同时用左手掌拍击乙方后脑，接顺势向前下伸，用手指抠其双眼（图 4—22）。

(3) 将乙方摔倒后，迅速向前上步骑压其腰（右腿跪，左腿伸），左手从乙方左臂腋下穿过按住后脑，右手迅速从乙方右侧颌下穿过，抓住其左衣领；然后以左手按头、右手抓领后绞之合力将其制服（图4—23）。

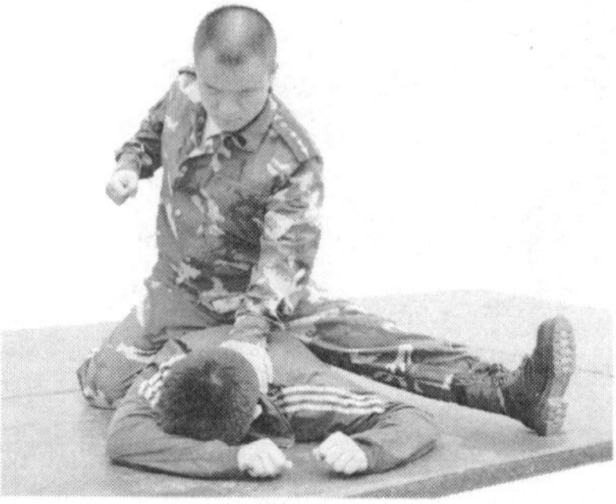

图4—21

图4—22

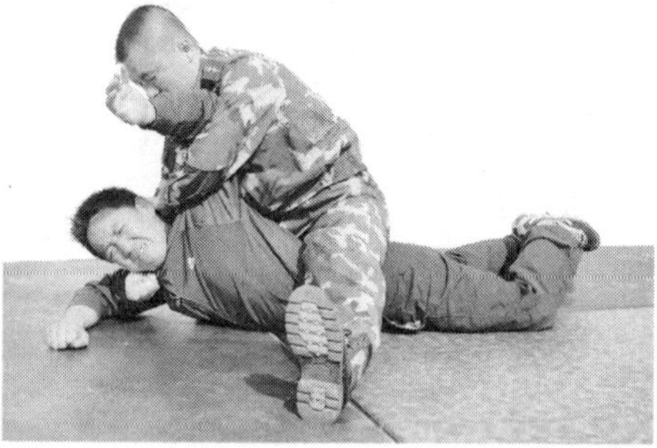

图4—23

6. 掏裆砍脖

当接近乙方背后时，可左脚在前，向其右脚外侧上步，左手由后插裆（图 4—24），随即右脚向前上步，用左手后拉上提、抓裆部与右手横掌猛砍乙方脖颈之合力将其摔倒（图 4—25、图 4—26）；迅速上步骑压其腰部（右腿跪、左腿伸），用左手卡脖，右手挥拳击打乙方头部（图 4—27）。

要点：掏裆、上步砍脖要协调一致，骑压要快，挥拳打击要狠。

图 4—24

图 4—25

图 4—26

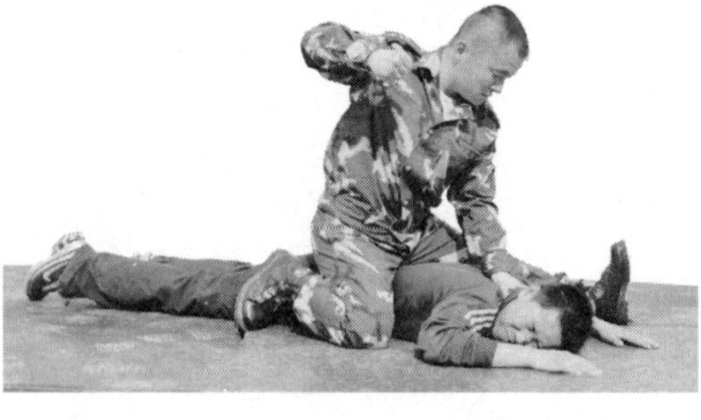

图 4—27

7. 踹腿锁喉

当接近乙方背后时，用右截腿猛踹乙方膝窝（图 4—28），趁其后仰之机，右手臂插入其颌下，以前臂前端卡锁乙方咽喉，左手抓握右手腕（图 4—29、图 4—30）；右手变拳同时右脚后扯一步，使用后拉下压动作将其拖倒（图 4—31）。

要点：踹腿要猛，锁喉要狠，扯步、后拉要迅速。

图 4—28

图 4—29

图 4—30

图 4—31

8. **截腿措喉**

当接近乙方背后时，左手前伸拍打乙方左肩（图 4—32），趁其后转之机，起右脚猛力截击乙方下盘右膝窝，迫使其跪地（图 4—33、图 4—34）；随即用左手前臂顶抓后脑和右手从乙方右侧颌下穿过抓住左下颌（图 4—35），向右扳拧转体之合力将其制服（图 4—36）。

要点：截击要猛，措喉要狠，动作要迅速连贯、一气呵成。

图 4—32

图 4—33

图 4—34

图 4—35

图 4—36

二、被动擒拿技法

被动擒拿技法：是指当甲方身体的某个部位，如手腕、上臂、腰、头、裆等部位被乙方攻击时，甲方以突然而迅速的动作进行防守或解脱，后发制敌的防卫技法。

1. 手腕被抓的解脱防卫

当乙方正手抓住甲方手腕时（图4—37），甲方可先向前推力（图4—38），随即借助惯性采取手掌内旋、下压、回拉和肘关节上抬的方法进行解脱（图4—39）。

要点：向前推力自然，手掌外旋、下压、回拉的动作要快。

图4—37

图 4—38

图 4—39

2. 手腕被抓的擒拿防卫

当乙方右手正抓甲方右手腕时(图 4—40),甲方左手猛拍其手背并扣紧,稍向里带,尽量拉直乙方手臂(图 4—41),随即向右转体，以右手小指外侧掌缘顺着乙方手腕，猛力向上、向外缠绕下切（图 4—42)，并两手同时用力用肘关节向前紧顶下压乙方肘关节将其制服（图 4—43)。

如遇到乙方劲力强大，难以擒拿或解脱时，可用缠腕回拉、侧踹腹动作反击（图 4—44)。

要点：扣手要紧，外旋、切腕要突然。

图 4—40

图 4—41

图 4—42

图 4—43

图 4—44

3. 前衣领（或胸部）被抓的擒拿防卫

（1）当乙方从正面右手抓住甲方衣领或胸部时（图 4—45），甲方迅速右手扣抓乙方手背，四肢扣入其小指外缘内（图 4—46）；突然抓住时上体右转，同时，以左上臂前侧向右猛别乙方肘关节（图 4—47）。

要点：扣抓要紧，转身别肘要迅速、突然。

图 4—45

图 4—46

图 4—47

(2) 当乙方由前抓住甲方衣领或胸部时（图 4—48），甲方突然向侧面转身，从其抓握手的上方收回上臂压折手腕（图 4—49），然后，用鞭拳反击乙方颈部或脸侧（图 4—50）。

要点： 转身要突然，压腕、鞭拳要快速、有力。

图 4—48

图 4—49

图 4—50

4. 后衣领被抓的解脱防卫

当乙方右手由后正抓甲方衣领时,甲方右脚迅速后撤一步,同时,向右后转身用右前臂向外格挡其肘关节(图 4—51、图 4—52);随即左脚进步,起右膝顶击乙方要害部位(图 4—53)。

要点: 撤步、转体及格挡要迅速,进步顶膝要准、狠。

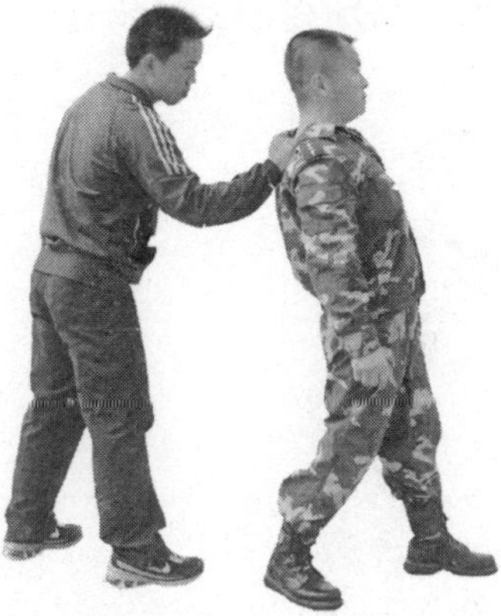

图 4—51

图 4—52

图 4—53

5. 头发由前被抓的解脱防卫

当乙方由前抓甲方头发时（图 4—54），甲方一只手迅速扣握其手背，同时，另一只手直拳击肋（图 4—55）；随即用头向前下顶、双手合力折腕下压和前脚后撤步之势将乙方拉倒（图 4—56、图 4—57）。

要点：扣手要紧，击肋要准，撤步要快而有力。

图 4—54

图 4—55

图 4—56

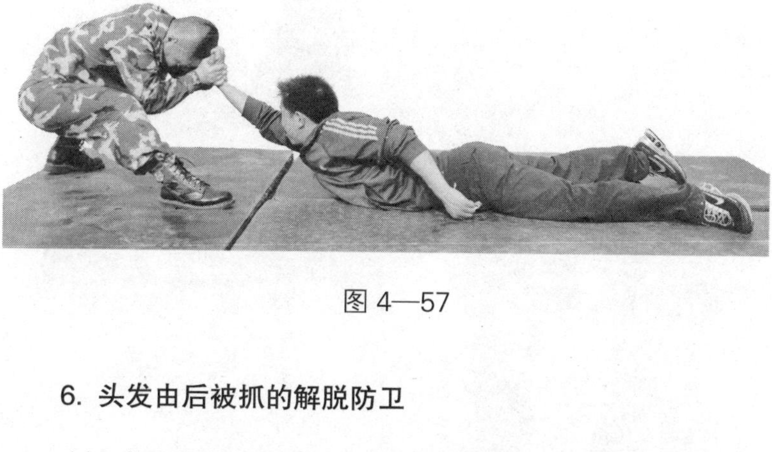

图 4—57

6. 头发由后被抓的解脱防卫

(1) 当乙方由后抓住甲方头发或衣领时（图 4—58），甲方一腿向前上一步，顺势起另一腿后蹬乙方裆部或腹部（图 4—59），乘其疼痛弯腰之机，用转身猛力后鞭拳向后击打其颈部（图 4—60）。

要点： 后蹬动作要快、准，鞭拳击颈要猛。

图 4—58

图 4—59

图 4—60

(2) 当乙方由后用右手抓住甲方头发时（图 4—61)，甲方迅速以右手紧扣其手指，左脚后撤一步，同时，以左肘 (或拳) 击打乙方肋部（图 4—62、图 4—63)；然后左手前臂向下砸压其肘关节（图 4—64)，低头侧前顶并弯腰转体成下蹲姿势（图 4—65)；利用两手折腕下压和使乙方肘关节根部以甲方膝盖为支撑点的合力将其制服（图 4—66)。

要点：转身击肋要猛，压肘、折腕要准确、协调、有力。

图 4—61

图 4—62

图 4—63

图 4—64

图 4—65

图 4—66

7. 从正面被抓住肩部时的防卫

当由正面被乙方抓住肩部时（图 4—67），甲方用两手指爆发用力，插击乙方两肋（图 4—68），趁其向后缩身之机，两手向外格挡（图 4—69），随即双手抱握乙方脖颈向下回拉，一腿冲膝前顶，击打其面门或心窝部位（图 4—70、图 4—71）。

要点：插肋要狠，抱握脖颈向下回拉和冲膝前顶要协调、猛力。

图 4—67

图 4—68

图 4—69

图 4—70

图 4—71

8. 脖颈由前被抓、推时的防卫

当被乙方从正面抓住甲方脖颈部位并猛力推、拉时（图4—72），可用双手紧抓乙方双肩，借助乙方向前推的劲力主动后倒，同时，一腿屈抬，用脚蹬住乙方腹部，将其凌空蹬翻（图4—73、图4—74、图4—75），甲方顺势后滚翻翻过骑压乙方腹部，挥拳击打其头部（图4—76）。

要点：双手抓肩、顺势后倒要突然（倒地时收下颌，抬头，避免后脑着地），蹬腹时腿要用力支撑，后滚翻骑压要及时。

图4—72

图4—73

图 4—74

图 4—75

图 4—76

9. 腰部由前被搂抱时的解脱防卫

当乙方由前搂抱甲方腰部企图将甲方抱起或已抱起，但手臂未被同时抱住时（图 4—77），甲方迅速以两手立掌推击其面部（图 4—78），趁其后仰之机，用右横击肘击打乙方头部给以重创（图 4—79）。

要点：推面要突然，肘击要准、狠。

图 4—77

图 4—78

图 4—79

10. 腰、臂由前连同被搂抱的解脱防卫

当甲方腰、臂连同由前被搂抱住时，甲方有意上体后仰(图4—80)；突然用头部前发际以上2厘米处猛力向前撞击乙方面部(图4—81)，趁乙方疼痛之时用前顶膝击打其裆部(图4—82)。

要点：头部撞击要突然，前顶膝要迅猛、准确。

图4—80

图4—81

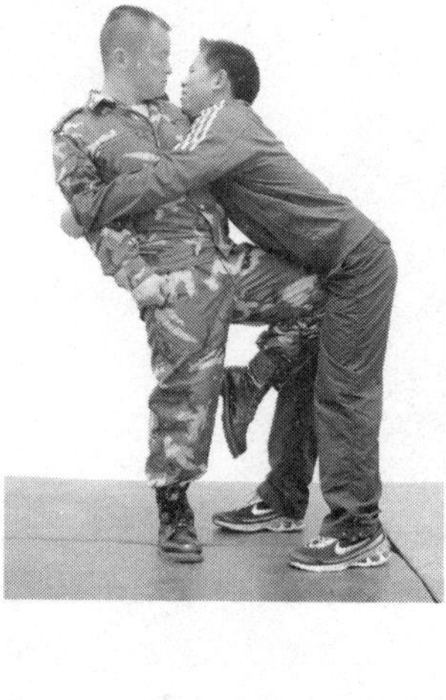

图4—82

11. 腰部由后被抱的解脱防卫

当乙方由后抱住甲方腰时（图 4—83），甲方左手迅速抓握乙方右手腕下压（图 4—84），随即上体向右后转身，以右后顶肘猛击乙方面部（图 4—85），乘其松手之机，甲方左脚上步，右手向上挑其肘关节（图 4—86），右后转体，左脚上步，以左手向前折压乙方右手腕与携臂扒肩动作将其制服（图 4—87）。

要点：抓腕要准，肘击头部要狠，携臂扒肩要快。

图 4—83

图 4—84

图 4—85

图 4—86

图 4—87

12. 腰、臂连同由后被抱的解脱防卫

(1) 当甲方腰、臂连同由后被乙方抱住时（或已抱起），迅速使用一只脚由外向里缠绕其腿部，同时，身体重心用力后仰贴身将其绊倒，此技法一般都是先后倒地，甲方背靠砸压在乙方身体上（图4—88、图4—89）。

要点：缠绕要迅速贴紧，背靠要贴身、迅猛。

图4—88

图4—89

(2) 当甲方腰、臂连同由后被乙方搂抱住时（图 4—90），突然使用双臂用力前伸抬肘，同时，下蹲缩身（图 4—91）；接左手抓握乙方右手腕，侧身右手向后拍击其裆部（图 4—92），左手继续抓握乙方右手腕下拉，右手夹其上臂，用力使用贴身过背摔动作将乙方摔倒（图 4—93、图 4—94），然后用拳击打其要害（图 4—95）。

要点：双臂前伸抬肘，下蹲缩身要突然，击裆要狠，使用摔法要贴身，协调有力。

图 4—90

图 4—91

图 4—92

图 4—93

图 4—94

图 4—95

13. 肩部由后被抓时的防卫

乙方突然由侧后方用左手抓住甲方右侧肩部时（图 4—96），甲方迅速用左手抓握其手腕，并固定住（图 4—97）；随即用右臂由内向外翻绕拧乙方肘关节一圈将其擒拿（图 4—98、图 4—99）。

要点：右手臂绕拧的部位要准确，发力要迅猛。

图 4—96

图 4—97

图 4—98

图 4—99

14. 喉部被锁解脱防卫

当乙方由后以右臂锁住甲方喉部时（图 4—100），甲方右手迅速扣握其手腕并下拉，以防被锁紧（图 4—101），随即用左手向后拍击乙方裆部（图 4—102）；乘其疼痛收腹弯腰之时，左脚迅速后撤一步，同时，两手抓握乙方右手腕，将其手臂从甲方头上绕过下拉外拧（图 4—103、图 4—104），接着用右腿猛力踢击乙方面部，将其制服（图 4—105）。

要点：扣握下拉要快，击裆要狠，踢击面部要准。

图 4—100

图 4—101

图 4—102

图 4—103

图 4—104

图 4—105

15. 手臂被擒时的防卫（叉步靠摔）

当乙方由后双手反拧甲方手臂时，甲方向后俯身（图 4—106），同时，一脚迅速撤步置于乙方两腿外侧，一手由里向外掏抱其大腿根部（图 4—107），随即利用抱腿靠身之合力将乙方摔倒（图 4—108、图 4—109）。

要点：撤步俯身要快，抱腿靠身要连贯、迅速。

图 4—106

图 4—107

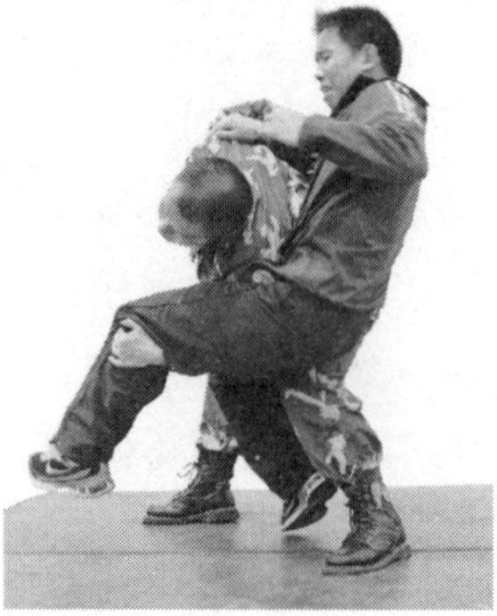

图 4—108

图 4—109